Sing, dance, laugh.

Be*khún*, bera*ghs*, be*khand*.

Special thanks to
Saba va Setáreh Zamání

The Persian Alphabet

We want to simplify your Persian learning journey as it is such a unique & enigmatic language. There are 32 official Persian letters. The letters change form depending on their position in a word or when they appear separate from other letters. For example, the letter g͟hayn غ has four ways of being written depending on where it appears in any given word:

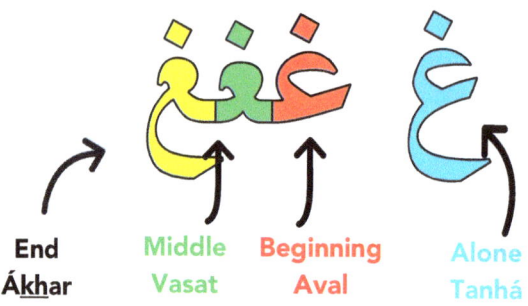

End   **Middle**   **Beginning**   **Alone**
Á<u>kh</u>ar   Vasat   Aval   Tanhá

It is important to note that Persian books are read from right to left (←). There are 7 separate/stand-alone letters that do not connect in the same way to adjacent letters (these will be depicted in blue). They are:

Stand alone
Tanhá vámístan

The short vowels a, e & o are usually omitted in literature and are depicted by markings above & below letters (ـَـ). They are not allocated a letter name, unlike their long vowel counterparts á: alef, í: ye & ú: váv (و ی آ).

Englisi	Farsi	
A a	اَ ◌َ◌َ	'alef
Á á	آ ا ا	'alef
B b	ب ببب	Be
D d	د دد	dál
E e	اِ ◌ِ◌ِ	
F f	ف ففف	fe
G g	گ گگگ	gáf
H h	ه ههه	he
H h	ح ححح	he
Í í	ی ییی	ye
J j	ج ججج	jim
K k	ک ککک	káf
L l	ل للل	lám

Englisi	Farsi	
M m	م ممم	mím
N n	ن ننن	nún
O o	اُ ◌ُ◌ُ	
P p	پ پپپ	pe
Q q	ق ققق	qáf
R r	ر رر	re
S s	س سسس	sin
S s	ص صصص	sád
S s	ث ثثث	se
T t	ت تتت	te
T t	ط ططط	tá
Ú ú	و وو	váv
V v	و وو	váv

Englisi	Farsi	
Y y	ی ییی	ye
Z z	ذ ذذ	zál
Z z	ز زز	ze
Z z	ض ضضض	zád
Z z	ظ ظظظ	zá
Ch ch	چ چچچ	che
Gh gh	غ غغغ	ghayn
Kh kh	خ خخخ	khe
Sh sh	ش ششش	shín
Zh zh	ژ ژژ	zhe
'	ع ععع	ayn

Letter Guide©

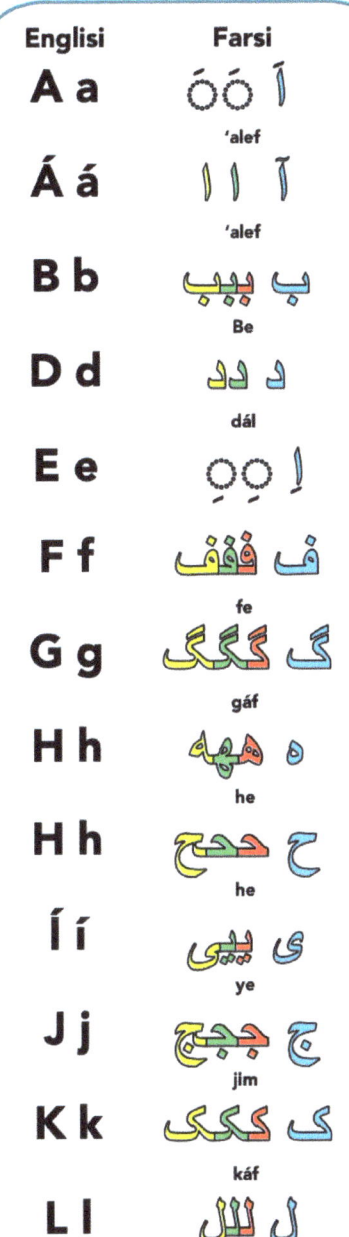

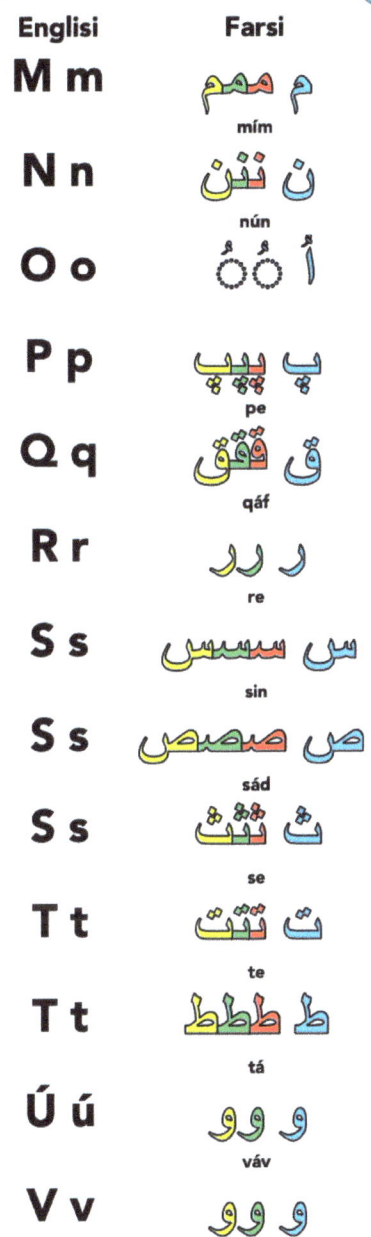

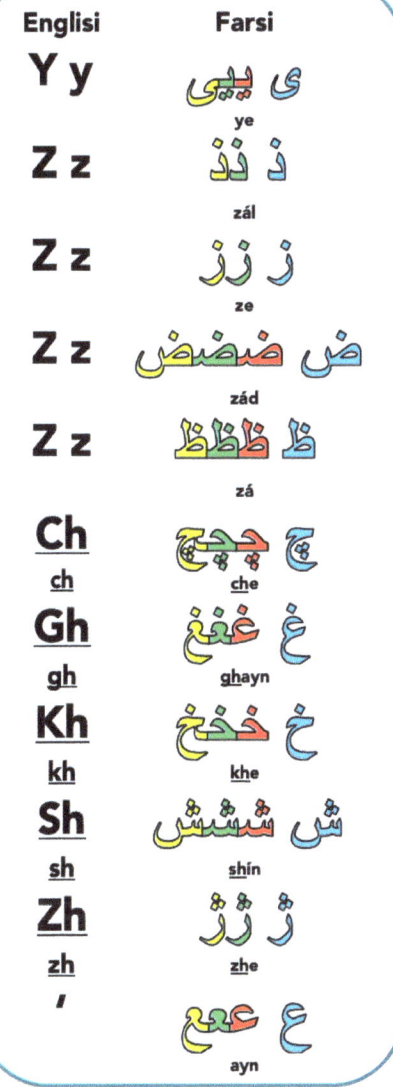

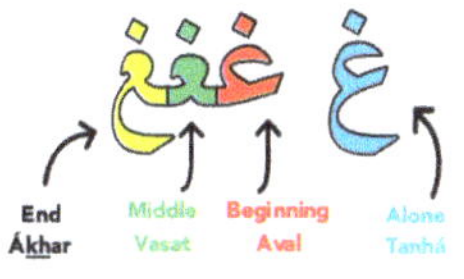

Pronunciation Guide©

Persian	English	Pronunciation
اَ	a	ant
آ	á	arm
ب	b	bat
د	d	dog
اِ	e	end
ف	f	fun
گ	g	go
ه	h	hat
ح	h	hat
ی	í	meet
ج	j	jet
ک	k	key
ل	l	love
م	m	me
ن	n	nap
اُ	o	on
پ	p	pat
ق	q/gh*	merci
ر	r	run
س	s	sun
ص	s	sun
ث	s	sun

Persian	English	Pronunciation
ت	t	top
ط	t	top
و	ú	moon
و	v	van
ی	y	yes
ذ	z	zoo
ز	z	zoo
ض	z	zoo
ظ	z	zoo
چ	ch	chair
غ	gh*	merci
خ	kh*	bach
ش	sh	share
ژ	zh	pleasure
ع	'	uh-oh†

- * : guttural sound from back of throat
- † : glottal stop, breathing pause
- ◌ّ : double letter
- ◌ً : letter 'n' sound
- لا : combination of letter l & á (lá)
- ای : long í sound (ee in meet)
- اِی : long í sound (ee in meet)
- (...) : colloquial use

Contents

Salám, Dorúd va chetorí 6
Ye túp dáram 8
Keshávarz Mazra'e 10
A'nkabúte kúchúlú 12
Párú, párú, párú bezan 14
Ye Setáreh kú<u>ch</u>úlú 16
Atal matal tutule 18
Lílí lílí hozak 20
Beh man begú parváneh 22
Ey zanbúre taláí 24
A'rúsake <u>gh</u>a<u>sh</u>ange man 26
Sar, <u>sh</u>úneh Zánú pá 28
<u>Ch</u>eshm, <u>Ch</u>e<u>sh</u>m do abrú 30
Báz o basteh 32
Anár 34
Jújeh ye Taláyí 36

Salám, Dorúd va <u>ch</u>etorí?

[Hello, hello & how are you?]

Salám dorúd va <u>ch</u>etorí?
<u>Ch</u>etori, <u>Ch</u>etorí, <u>ch</u>etorí?
Salám dorúd va <u>ch</u>etorí?
<u>Ch</u>etorí emrúz.

سلام دُرود وَ چطوری

سلام دُرود وَ چِطوری
چطوری, چطوری, چطوری
سلام دُرود وَ چِطوری
چطوری امروز

Túp-Ghelghelí
[A round ball]

Ye túp dáram ghel ghelí-eh
Sorkho sefído ábí-eh
Mízanam zamín,
havá míreh nemídúní tá kojá míreh
Man ín túpo nadáshtam
Mashghámo khúb neveshtam
Bábám behem e'ydí dád
Ye túp ghel-ghelí dád

توپ قِلقِلی

یه توپ دارَم قِلقِلیه
سُرخ وَ سِفید وَ آبیه
میزَنَم زَمین هوا میره
نِمیدونی تا کُجا میره
مَن این توپو نداشتَم
مَشقامو خوب نِوِشتَم
بابام بِهِم عیدی داد
یه توپ قِلقِلی داد

Keshávarz Mazra'e

[Old McDonald Had a Farm]

Yek keshávarz mazra'e dásht. E-I-E-I-O.
Tú ún mazra'e ye _____ dásht. E-I-E-I-O.
_____ ínjá, _____ únjá, _____ ínjaa, _____ únjaa.
Hamejá _____
Yek keshávarz mazra'e dásht. E-I-E-I-O.

Gúsfand, gáv, morgh, asb, boz, khúk.

کِشاوَرزِ مَزرَعه

یِک کِشاوَرزِ مَزرَعه ای داشت
ای یا ای یا او.
تو اون مزرَعه یه ___ داشت
ای یا ای یا او
___ اینجا، ___ اونجا
___ اینجا، ___ اونجا ___ همه جا
یِک کِشاوَرزِ مَزرَعه داشت
ای یا ای یا او

گوسفند گاو مُرغ اَسب بُز خوک

Ankabúte Kúchúlú

[Itsy Bitsy Spider]

A'nkabúte kúchúlú
Az navdún míraft bálá
Bárún ámad va a'nkabút oftád
Áftáb keh dar omad
Hamechí keh khoshk shod
A'nkabút az navdún
Dobáreh raft bálá

عنکبوت کوچولو

عنکبوت کوچولو
از ناودون میرفت بالا
بارون اومد و عنکبوت افتاد
آفتاب که در اومد
همچی که خشک شد
عنکبوت از ناودون
دوباره رفت بالا

Parú Parú Parú Bezan

[Row, Row, Row Your Boat]

Parú, parú, parú bezan
Rúye rúd<u>kh</u>úneh
<u>Sh</u>ademan <u>sh</u>ademan <u>sh</u>ademan
<u>Gh</u>aye<u>gh</u> míreh áhesteh

Parú, parú, parú bezan
Rúye Rúd<u>kh</u>úneh
Ageh <u>sh</u>omá temsah dídí
Jígh o faryad bezan!

پارو، پارو، پارو بِزَن

پارو، پارو، پارو بِزَن
روی رود خونه
شادِمان، شادِمان، شادِمان
قایِق میره آهِستِه

پارو، پارو، پارو بِزَن
روی رود خونه
شادِمان، شادِمان، شادِمان
قایِق میره آهِستِه

Ye Setáreh Kúchúlú

[Twinkle Twinkle Little Star]

Ye Setáreh Kúchúlú
Roshan túye ásemún
Vaghtí shab shod dar míáyí
Khábe khúb baráye mámíárí
Ye Setáreh Kúchúlú
Roshan túye ásemún

بِه سِتارِه کوچولو

ای سِتاره کوچولو
کِه روشَن تو اسِمونی
وَقتی شَب شُد دَر می آیی
خوابِ خوب بَرای ما می آری
ای سِتارِه کوچولو کِه روشَن توی آسمون

Atal Matal

Atal matal tútúle
Gáveh hasan <u>ch</u>e júreh
Na <u>sh</u>ír dare na pestún
<u>Sh</u>íresho bordan hendestún
Yeh zane kordí bestún
Esme<u>sh</u>o bezár a'mqází
Doreh kolá<u>sh</u> <u>gh</u>ermezí
Ha<u>ch</u>ín va vá<u>ch</u>ín Ye páto var<u>ch</u>ín

اتل متل توتوله

اتل متل توتوله
گاو حسن چه جوره؟
نه شیر داره، نه پستون
شیرشو بردن هندستون
یک زن کردی بستون
اسمشو بذار عمقزی
دور کلاش قرمزی
هاچین و واچین
یه پا تو ورچین

Lílí lílí hosak

Lílí lílí hosak
Júju ámad áb bo<u>kh</u>oreh oftád túye hozak
Ín yekí daresh ávord
Ín yekí ábesh dád
Ín yekí núnesh dád
Ín goft: Kí holesh dád?
Ín yeki goft: Maneh maneh kaleh gondeh!

لی‌لی، لی‌لی حوضَک

لی لی لی لی حوضَک
جوجِه اومَد آب بُخورِه اُفتاد تویِه حوضَک
این یکی درش اورد
این یکی آبش داد
این یکی نونش داد
این یکی گفت: کی هلش داد؟
این یکی گفت: منِ منِ کله گنده

Beh man begú parváneh
[Tell Me Butterfly]

Beh man begú parváneh, khasteh míshí to yá nah
hamísheh bí gharárí, yek dam ráhat nadárí
Rúz keh dar ezterábí, Áyá shabhá míkhábí?
Khoráke to cheh chíz ast?
Cheh chíz barát a'zíz ast?
Man á'sheghe golzáram, Joz gol kesí nadáram
Amá delam por-áh ast,
chonkeh o'mram kútah ast
pas áy bacheh rahmí kon, mano ázíat nakon
parváneh bícháreh, Ín kháhesh az to dáreh

پَروانِه

بِه مَن بِگو پَروانِه خَستِه میشی تو یا نَه
هَمیشِه بی قَراری یِک دَم راحَت نَداری
روز کِه دَر اضطِرابی آیا شَب ها میخوابی؟
خوراک تو چِه چیز است؟ چِه چیز برات عزیز
است؟
مَن عاشق گُلزارم جز گُل کِسی نَدارَم
اما دِلَم پُر آه است چونکه عُمرَم کوتاه است
پَس ای بَچِه رَحمی کُن مَنو اذیَت نَکُن
پَروانِه ی بیچاره این خواهِش از تو دارِه

Ey zanbúre taláí

[Golden Bee]

Ey zanbúre taláí
Nísh mízaní baláyí
pásho pásho baháreh
gol váz shodeh dobareh
pásho pásho baháreh
gol báz shodeh dobareh
kam bú dári tú sahrá
sar mízaní be harjá
pásho pásho baháreh
Asal besáz dobáreh
pásho pásho baháreh
Asal besáz dobáreh

زنبور

ای زنبور طلایی
نیش میزنی بلایی
پاشو پاشو بَهاره
گُل باز شُدِه دوباره
کندو بو داری تو صَحرا
سَر میزنی بِه هَرجا
پاشو پاشو بَهاره
عسل بساز دوباره
پاشو پاشو بهاره
عسل بساز دوباره

A'rúsake ghashange man

[My Beautiful Doll]

A'rúsake ghashange man
ghermez pushídeh
Túyeh rakhtekhabe makhmáleh ábísh khábídeh
Ye rúz máman rafteh bázár únro kharídeh
Ghashangtar az arúsakam híshkas nadídeh
A'rúsake man chesmáto baz kon Vaghtí ke shab shod ún vaght lálá kon Bíá berím túyeh hayát ba man bází kon Túp bazí o, shen bází o, tanáb bází kon

عروسکِ قشنگِ مَن

عروسکِ قشنگِ من
قرمز پوشیده
تو رخَتِخواب مَخمل آبیش خوابیده
یک روز مامان رفته بازار اون رو خَریده
قَشَنگ تَر از عروسکم هیچکس نَدیدِه
عروسک مَن چشماتو باز کُن
وقتی کِه شَب شُد
اون وقت لالا کُن
بیا بریم توی حیاط با مَن بازی کُن
توپ بازی وَ شِن بازی وَ طَناب بازی کُن

Sar, <u>Sh</u>úneh, Zánú, Pá

[Head Shoulders Knees and Toes]

Sar, <u>sh</u>úneh, zánú, pá, zánú, pá!
Sar, <u>sh</u>úneh, zánú, pá, zánú, pá,
<u>C</u>heshm o gúsh o dahan damá<u>gh</u>
Sar, <u>sh</u>úneh, zánú, pá, zánú, pá!

سَر شونِه زانو پا

سَر شونِه زانو پا زانو پا
سَر شونِه زانو پا زانو پا
چِشم وَ گوش وَ دَهَن وَ دَماغ
سَر شونِه زانو پا

Cheshm, Cheshm, Do Abrú

[Eyes, Eyes Two Eyebrows]

Cheshm, Cheshm, Do abrú
Damágh va dahan va ye gerdú
Chúb, Chúb, shíkambeh
Ín bacheh cheghadr ghashangeh

چِشم چِشم دو اَبرو

چِشم چِشم دو اَبرو
دَماغ و دَهان و یه گِردو
چوب چوب شِیگَمبِه
این بَچه چِقَدر قَشَنگِه

Báz va basteh

[Open Shut Them]

Báz va basteh Báz va basteh
Dast bezaním beh ham
Báz va basteh Báz va basteh
Bezar rúyeh gh̲alb
Bíá bálá bíá bálá zíreh c̲húneh
Dahaneto báz koním, Nareh túyes̲h̲

باز وَ بَستِه

باز وَ بَستِه
دَست بِزَنیم بِه هَم
باز وَ بَستِه
باز وَ بَستِه
بِزار روپِه قَلب
بیا بالا بیا بالا زیرِه چونِه
دَهَنِتو باز کُنیم نَرِه توپِش

Anár
[Pomegranate]

Sad dáneh yághút dasteh beh dasteh
Bá nazm va tartíb yek já neshesteh
Har dáneh-yí hast khosh rang va rakhshán
Ghalbe sefídídar síneye án
Yághúthá rá píchídeh bá ham
Dar púsheshí narm parvardegáram
Ham torsh o shírín ham áb dár ast
Sorkh ast va zíbá
Námesh anár ast

انار

صَد دانهِ یاقوتِ دَسته بِه دَستِه
با نظم وَ ترتیب یِک جا نِشِستِه
هَر دانه ای هَست خوش رَنگ وَ رَخشان
قلبِ سِفیدی دَر سینهِ آن
یاقوتها را پیچیدِه با هَم
دَر پوشِشی نَرم پَروَردِگارَم
هَم تُرش وَ شیرین هَم آب دار است
سُرخ است وَ زیبا نامِش انار است

Jújeh ye talá yí
[Golden Chick]

Jújeh Jújeh Jújeh talá yí núkat sor<u>kh</u> va hanáyí

To<u>kh</u>me <u>kh</u>od rá <u>sh</u>ekastí <u>ch</u>egúneh bírún jastí

Goftá jáyam tang búd dívára<u>sh</u> az sang búd

Nah panjereh nah dar dá<u>sht</u> nah kesí zeman <u>kh</u>abar dá<u>sht</u>

Dádam beh <u>kh</u>od yek tekán mesle rostame pahleván

To<u>kh</u>m <u>kh</u>od ra <u>sh</u>ekastam íngúneh bírú jastam

جوجه طَلائی

جوجه جوجه طَلائی نوکِت سُرخ وَ حَنائی
تُخمِ خود را شِکَستی چِگَونِه بیرون جَستی
گُفتا جایَم تَنگ بود دیوارِش از سَنگ بود
نَه پَنجِره نَه دَر داشت نَه کِسی زِمَن خَبَر داشت
دادَم بِه خود یِک تِکان مثلِ رُستمِ پَهلِوان
تُخمِ خود را شِکَستَم اینگَونِه بیرون جَستَم

www.ingramcontent.com/pod-product-compliance
Lightning Source LLC
Chambersburg PA
CBHW061135010526
44107CB00068B/2945